LA FAIENCE DE RUBELLES

PAR

GABRIEL LEROY
Bibliothécaire
DE LA VILLE DE MELUN

IMPRIMERIE E. LEGRAND
23, RUE BANCEL, 23

1898

LA

FAIENCE

DE

RUBELLES

PAR

GABRIEL LEROY

Bibliothécaire

DE LA VILLE DE MELUN

IMPRIMERIE E. LEGRAND

23, RUE BANCEL, 23

—

1898

LA

FAIENCE DE RUBELLES

Le baron de Bourgoing, inventeur des procédés de la faïence lithophanique à émaux ombrants, pour laquelle il avait pris un brevet le 12 janvier 1827, fit, au dire de M. Demmin, dans son *Guide de l'amateur de faïences et porcelaines*, de premières tentatives chez Darte et Billèle, rue de la Roquette, dont la manufacture cessa vers 1836, et ensuite à Montreuil-sous-Bois, dans la fabrique de M. Leclerc.

En relations avec le baron Alexis Du Tremblay, propriétaire du château de Rubelles, près Melun, il contracta avec lui une association pour l'exploitation de son brevet.

Alexis du Tremblay était le plus jeune des

cinq petits-enfants de l'auteur d'Apologues, qui ne sont pas sans mérite, et qu'il leur dédia, Antoine-Pierre Du Tremblay, ancien directeur de la caisse d'amortissement:

Oui, mes enfants! oui, mes petits amis,
Alfred, Adèle, Laure, Hippolyte, Alexis,
Oui, c'est pour vous que j'ai fait cet ouvrage;
De l'amour paternel, voyez ici le gage.

Alexis, esprit méditatif, cultivé, doté d'un patrimoine modeste, délaissa la carrière administrative ou judiciaire qu'avaient suivie ses pères, et lui préféra l'industrie artistique créée par le baron de Bourgoing.

Le 29 avril 1842, après l'installation complète de leur manufacture à Rubelles, où depuis trois ans déjà un matériel important et coûteux était établi, où des essais, précédés de longs tâtonnements étaient faits, les deux associés obtinrent un brevet d'invention, d'une durée de quinze années, pour l'exploitation de la lithophanie appliquée à la céramique.

Ce brevet détaille les procédés de la fabrication, le mode de décoration, la nature des émaux, et contient aussi des renseignements nécessaires aux ouvriers pour la pratique de leur art. — (*Brevets d'invention*. T. LXXXIV, page 33)

Dès l'année 1839, la fabrique était en voie d'organisation, non dans le château de Rubelles, comme on l'a dit, mais dans le village, sur le bord du ru du Jard, où s'élève aujourd'hui le presbytère de la paroisse. Avec les bâtiments, ateliers, séchoirs et autres dépendances, on construisit un premier four de dimension restreinte. Deux ans se passèrent en recherches, en essais pour la confection des moules et la composition des émaux colorés ou neutres. En 1842, on fit un second four plus spacieux, sur lequel on mit son millésime, en chiffres de faïence de la fabrication locale.

L'installation définitive fut laborieuse et coûteuse. Elle se fit avec la collaboration de Moitessier, qui prenait le titre de directeur, de Jacques Leigh, sous-directeur, Adolphe Plantier, artiste peintre, Jean-Claude Parmentier, Pierre Guionnet, Pierre-Jean Rémond, modeleurs. Des artistes fournissaient les dessins pour l'exécution des moules, d'abord en cuivre, ensuite en plâtre. Le nombre des ouvriers, y compris les terrassiers, les manœuvres, les enfants employés dans les menus travaux, s'éleva jusqu'à quarante, la moyenne était d'une vingtaine. Moitessier, malgré son titre de directeur, n'apparaissait que par intervalles; il résidait à Paris, passage de l'Orme, 24, au dépôt central de la fabrication.

Les livraisons au commerce ne commencèrent sérieusement qu'en 1842, après la construction du grand four et l'obtention du brevet accordé à MM. de Bourgoing et Du Tremblay conjointement. Tout ce qu'on avait produit jusqu'alors avait été offert et répandu un peu partout, pour faire connaître « la nouvelle porcelaine anglaise » comme on appelait au début la céramique de Rubelles.

Son biscuit, de bonne qualité, pouvait supporter la comparaison avec les produits de Creil et de Montereau. C'était un composé d'argile et de terre de pipe, provenant d'Arcueil et de Montereau, avec addition de silex pulvérisé, dit farine de cailloux, qu'on tirait également du dehors.

Séchée, broyée, triturée, à l'aide de cylindres mus par plusieurs chevaux, la pâte passait aux mains des tourneurs et des modeleurs, qui en façonnaient l'objet voulu, qu'ils gravaient ensuite en creux par le relief des moules en cuivre ou en plâtre.

La confection primitive de ces moules, confiée à des artistes, avait entraîné des frais considérables de premier établissement. On adopta exclusivement le plâtre, préférablement au cuivre, comme étant plus facile aux retouches et moins dispendieux. Les sujets étaient de tous genres : paysages, marines, chasses, épisodes de la conquête d'Afrique, portraits, natures mortes, reproduction d'antiques, d'œuvres des maîtres, guirlandes, ornements courants, etc. Des dessins sont d'une finesse qui n'a pas été surpassée par les productions analogues d'autres fabriques.

M. Trenet, vieillard plus qu'octogénaire, ancien régisseur de la famille Du Tremblay, possède des spécimens de choix, qu'il a eu l'obligeance de me montrer, en me donnant, avec une remarquable lucidité de mémoire, des renseignements sur la fabrication qu'il a, sinon dirigée, mais suivie depuis ses commencements en 1839 jusqu'à sa fin en 1856.

Modelé et imprimé, le biscuit, séché à l'air pendant quelques jours, subissait une première cuisson. C'est alors qu'il recevait l'émail dit ombrant, coloré pour les pièces monochromes, neutre quand il s'agissait de sujets polychromes peints à la main. Dans le premier cas, la pièce passait rapidement dans un bain d'émail; dans le second on l'enduisait au pinceau des tons différents qu'il devait revêtir, par exemple fonds jaunes ou violets avec bordures vertes ou bleues et *vice versa*.

On procédait ensuite à une seconde cuisson, moins intense que la première, dans des cazettes en terre réfractaire, où les pièces étaient disposées avec soin pour éviter le conglomérat qui serait résulté de leur contact. Presque tous les produits de Rubelles portent au revers de légères échancrures provenant des chevilles qui les supportaient dans les cazettes.

Les émaux nécessitaient un dosage minutieux, variant suivant la nature de leurs oxydes, de leurs teintes, de leur destination. La formule ou base qu'en a donné M. Demmin, dans son excellent ouvrage, n'est qu'une des variétés dont on faisait usage. Avant l'emploi du produit, on le soumettait à une série d'essais, au moyen de la plaque dite de démonstration, pour juger de son coloris et de sa transparence. On avait aussi à compter avec la cuisson, qui, malgré le soin de sa surveillance, donnait souvent des mécomptes fâcheux.

La fabrication, telle qu'elle fut pratiquée sous M. Du Tremblay seul, de 1839 à 1852, fut soignée et coûteuse. Les résultats ne furent jamais en rapport avec la dépense. Les bases ou matrices premières, qui servaient à exécuter les moules, étaient l'œuvre d'artistes payés vingt francs par jour. Par le fait suivant, on peut juger des frais qu'ils avaient occasionnés : — Après la fermeture de la fabrique, les moules, utilisés pendant une quinzaine d'années, furent achetés par une manufacture anglaise, au prix de 7 à 8,000 francs. Ceux dont elle ne voulut pas, en raison de leur détérioration, furent cédés, plus tard, à la fabrique de Choisy-le-Roi, moyennant 1,500 francs. Ni l'une ni l'autre de ces deux manufactures n'a jamais émis de produits semblables à ceux de Rubelles. Ceux-ci restent uniques, originaux, et leurs meilleurs spécimens justifient la vogue qui leur est acquise aujourd'hui dans le monde de la curiosité. Les émaux qui s'en rapprochent le plus, sous le rapport de l'éclat et de la couleur, sortent des usines de Choisy-le-Roi, de Vallauris et du golfe Juan.

Avant d'être mis au four, le biscuit imprimé subissait des opérations plus ou moins minutieuses, dont une des plus délicates, qui exigeait une main exercée, était la retouche des reliefs. Ils variaient de un à cinq millimètres d'épaisseur. En remplissant les parties creuses, l'émail donnait les ombres, tandis qu'il laissait en lumière les bosses ou reliefs qu'il effleurait à peine.

Les cuissons, qui nécessitaient une surveillance incessante, pour en régler l'intensité, n'étaient pas toujours satisfaisantes. Combien de surprises pénibles, que de mécomptes, même au temps où l'expérience était acquise! Il faut lire Bernard Palissy pour connaître l'aléa de la fabrication de céramique artistique. Des fournées rendaient à peine la moitié des produits marchands déposés dans le four. Le surplus se composait de pièces gauchies, d'émaux brûlés, fondus, effaçant tout ou partie du dessin. Les pièces défectueuses, livrées aux marchands de la région, quand ils consentaient à les accepter, étaient vendues des prix dérisoires de bon marché. Les plaques, les carreaux de revêtement des murs, conservaient un peu plus de valeur malgré leurs défauts. Si leur dessin était altéré, l'émail, vert, violet ou bleu, subsistait pour jeter, au moyen de combinaisons ingénieuses des couleurs, une note gaie dans les pièces d'appartement qu'ils étaient destinés à décorer.

Rubelles a produit une grande quantité d'objets. Sa fabrication s'est étendue sur des services de table complets, des médaillons dont quelques-uns avaient 50 centimètres de diamètre, des plaques, des carreaux de revêtements de murs, de poëles, de cheminées, des vases de toutes formes et de toutes dimensions, parmi lesquels il faut citer un vase monumental ou amphore, avec anses, arabesques, armoiries, exécuté pour la famille de Choiseul-Praslin, et qui a figuré à l'exposition rétrospective de Melun en 1864, à l'hôtel de ville. Une foule de petits meubles, pots à tabac, encriers, presse-papiers, chandeliers, coffrets à bijoux, à parfums, garnitures de tables de toilette, corps de pendules, buires, vases imitant des choux, des melons, sortirent aussi de Rubelles. Elégance, variété, fini du dessin, de la forme, agrément de l'émail, distinguent ces objets, dont la plupart sont devenus des pièces de collections; l'art le dispute à l'industrie. Sur commande ou par fantaisie du fabricant, on aborda, sans y réussir entièrement, le genre Palissy, avec des lézards, des couleuvres, des roseaux et des feuillages en relief, sur des vases et des plats.

A Melun, à Rubelles et dans les environs, les produits de M. Du Tremblay se font rares. Le brocantage les a recherchés et recueillis pour satisfaire des amateurs français et étrangers.

Au château de Rubelles on conserve de beaux services de table, des échantillons de plaques, de vases et autres décors. Dans la même localité, M. Trenet possède des spécimens réussis de différents genres d'assiettes, à bordures festonnées ou à jour, quelques autres objets intéressants.

A Melun, on en trouve en plus ou moins grand nombre chez des personnes qui s'occupent de céramique, notamment chez M. Balaudreau. Le laboratoire de la pharmacie de l'hospice est garni d'environ 150 plaques ou carreaux donnés par la famille Du Tremblay. Des enseignes de commerçants, à Melun et dans le voisinage, sont faites en faïence émaillée de Rubelles. Une salle du Café Anglais à Paris est décorée de plaques de même origine.

Depuis la fermeture de la fabrique, les marchands de Melun ont écoulé facilement les stocks, plus ou moins réussis, qui restaient ignorés dans leurs magasins.

M. Demmin rapporte (T. 2, p. 777) qu'un beau service de table fait pour le roi de Hollande, en vert et brun clair, avec les armes des Pays-Bas, se trouve au château de Loo,

Les spécimens qui passent dans les ventes publiques atteignent des prix élevés, grâce au caprice de la curiosité qui a classé la faïence de M. Du Tremblay. L'année dernière, à Melun, dans une vente faite après le décès du baron Pierre Hocedé Du Tremblay, un grand médaillon monochrome brun, représentant un buste de femme d'après l'antique, fut vendu 63 francs ; un pot à tabac, orné de pampres de vigne et de raisins en relief, atteignit 18 francs Ces deux objets, non marqués, provenant des premiers essais faits à l'origine de la fabrication, ont été acquis pour le musée de Melun.

M. Du Tremblay, et, après lui, M. Hocedé, son gendre, prirent part aux expositions du commerce et de l'industrie qui eurent lieu pendant l'existence de leur manufacture.

En 1844, Rubelles, d'après une note de son Directeur, devait exposer : six carrelages différents, six plafonds, six cheminées et poëles, deux guéridons, douze plinthes, des lettres et chiffres, des cadres de glaces, décors et panneaux d'églises, de rez-de-chaussées, de magasins, salles de bains, offices, passages de portes cochères. En réalité, faute d'emplacement, son exposition comprit des assiettes, des vases, des bénitiers, et divers autres objets.

M. Du Tremblay obtint une médaille de bronze. — (*Moniteur officiel*, 31 *juillet* 1844.)

En 1849, une médaille d'argent récompense les produits qu'il a fait figurer à l'Exposition nationale. — (*Moniteur*, 13 *novembre* 1849.)

En 1851, à Londres, à l'Exposition universelle de Hyde-Park, une médaille de 2e classe lui est accordée. — (*Moniteur*, 17 *octobre* 1851.)

Enfin, à l'Exposition universelle de 1855, à Paris, la dernière où parurent des produits de Rubelles, l'association J. Hocedé et Cie obtient une semblable médaille de 2e classe. — M. Guionnet, collaborateur de la fabrication, est récompensé par une mention honorable. — (*Moniteur*, 8 *octobre* 1855.) Le catalogue officiel, rédigé sous les auspices du prince Napoléon, constate que l'exposition de Rubelles consistait en services de table, de dessert, vases de faïence émaillée, etc. —

A cette époque, la fabrication des médaillons, des objets de fantaisie, des plaques décoratives, était abandonnée ; délaissant l'art, elle ne s'occupait plus que d'industrie.

En 1855, au moment où les produits de M. Du Tremblay figuraient pour la dernière fois à une exposition officielle, son association avec M. de Bourgoing, et dans laquelle le nom de celui-ci, empêché par ses fonctions, n'avait jamais paru ouvertement, était dissoute et remplacée par une autre ayant pour raison sociale J. Hocedé et Cie.

M. Hocedé, ancien auditeur au Conseil d'Etat, gendre de M. Du Tremblay, dont il avait épousé la fille unique en décembre 1850, se trouvait le principal associé de la manufacture de Rubelles, en vertu d'un acte passé devant Yver et Génin, notaires à Paris, le 12 mai 1852.

Cet acte stipule qu'il est formé une société pour l'exploitation de l'émail ombrant sur terre blanche, faïence et porcelaine, entre :

Le baron Paul-Charles-Amable de Bourgoing, ancien pair de France, ancien ministre plénipotentiaire, grand-croix, commandeur et chevalier de plusieurs ordres ;

Le baron Alexis Du Tremblay;

M. Jules Hocedé.

Ce dernier fut constitué seul gérant responsable. La durée de la Société fut limitée à celle du brevet d'invention accordé à MM. de Bourgoing et Du Tremblay le 29 avril 1842, pour quinze années, devant expirer le 29 avril 1857.

Sur ces bases et en vertu des autres stipulations contenues dans l'acte, la fabrique de Rubelles, dont les affaires s'étaient ralenties, reprit un nouvel essor. Guionnet la dirigeait avec Lamotte, Rémond, Braconny et autres auxiliaires. Moitessier et les artistes qui, au début, avaient exécuté les dessins et les moules, s'étaient dispersés depuis plusieurs années.

On s'efforça de diminuer les frais de main-d'œuvre, le coût de la composition des émaux. Si, en apparence, la faïence semblait être la même qu'autrefois, son émail était inférieur en qualité à celui qu'avait employé M. Du Tremblay. Il devint sec, cassant, prompt à se gercer, se rayant facilement sous l'action des couteaux et des fourchettes auxquels étaient soumis les services de table.

Les meilleurs produits de Rubelles appartiennent à la gestion de M. Du Tremblay. Avec raison, les amateurs préfèrent sa marque à celle de la fabrication ultérieure.

Toutes les pièces ne sont pas marquées. Les petits objets et généralement la fabrication qui précéda l'obtention du brevet de 1842 n'ont pas de signe distinctif. Postérieurement on trouve dans un sceau circulaire: *Brevet d'invention. A. D. T.* Après l'association Hocedé, le sceau est ovale avec ces mots: *Fabrique d'émaux de Rubelles, près Melun. (S.-et-M.) Brevet d'invention, S. G. D. G.*

Au temps où la fabrique fonctionnait, ses services de table trouvaient peu de faveur dans le public. Ses produits de fantaisie, médaillons, plaques d'ornement, menus objets étaient mieux accueillis. Ses faïences peintes, dorées sur émail et recuites, attiraient cependant l'attention des amateurs qui, bien inspirés, commençaient à les admettre dans leurs collections, à côté de belles pièces de céramique ancienne et moderne.

La réserve du public à l'endroit des services de table est explicable. Les marchands avaient un mot caractéristique : « Ce n'était point un objet de commerce courant. » Malgré la beauté des émaux, la valeur des dessins, les bordures à jour de certaines assiettes, on ne leur pardonnait pas, dans un banquet où tout doit rayonner la joie, leur couleur sombre, leurs tons verts ou bleus ne faisant pas valoir les mets. Les maîtres d'hôtels n'admettaient pas Rubelles. « Savourez-donc, disaient-ils, un suprême de volaille dans une assiette aux tons de vert-de-gris ! » — Après un peu d'usage, l'émail rayé, fendillé, par le choc des couteaux, des cuillers et des fourchettes, devenait sale et lamentable.

Ces reproches ne s'appliquaient pas aux services de dessert, légers, de formes élégantes, s'harmonisant, par des couleurs plus délicates, avec les fruits et chatteries qu'ils étaient appelés à recevoir, et sur l'émail desquels les couteaux et les fourchettes n'avaient pas à s'escrimer.

Le commerce, dont la clientèle avait pu juger au point de vue pratique la valeur des uns et autres, préférait aux services de table les services de dessert qu'il écoulait plus facilement.

Rubelles, uniquement consacré à la céramique d'art, et s'appliquant à perfectionner ses créations originales, aurait pu réussir, si le goût de la faïence artistique et décorative eût été plus répandu dans les milieux où ses produits pénétraient. Cet élément lui fit défaut, et il arriva qu'après de lourds sacrifices, qui ne faisaient que continuer ceux de son honorable prédécesseur, M. Hocedé cessa sa fabrication en 1857, à l'époque où prenait fin le brevet obtenu par MM. de Bourgoing et Du Tremblay, le 29 avril 1842.

On vendit aux enchères, en bloc, à vil prix, le stock de marchandises, défectueuses ou non, qui n'avaient pu être écoulées dans le commerce. Peu d'amateurs en firent leur profit, mais les brocanteurs de la région et même ceux de Paris en remplirent leurs magasins. Il y a une trentaine d'années, on trouvait encore chez eux des spécimens passables à des prix modérés. Depuis, la rareté s'est faite et la valeur a décuplé. Si quelques assiettes passent à l'hôtel des ventes de Melun, on ne manque pas de les souligner sur l'affiche. C'est dire l'intérêt qui s'y attache. Il en est de Rubelles comme des artistes méconnus de leur vivant, dont on n'apprécie les œuvres qu'après que la production en a cessé.

Les moules furent recueillis, comme je l'ai dit, par une fabrique anglaise et par la manufacture de Choisy-le-Roi, qui ont pu les utiliser comme modèles, mais qui n'ont jamais livré au commerce des produits similaires à ceux de MM. Du Tremblay et Hocedé. Le prix de 10,000 francs environ qu'ils les payèrent, en partie usés et détériorés, est un criterium pour évaluer approximativement ce qu'ils avaient dû coûter à leurs créateurs une vingtaine d'années auparavant.

Après la cessation de la fabrication de produits artistiques, la manufacture ne fut pas fermée immédiatement. Guionnet, qui la dirigeait, la reprit pour son compte, en installant une briqueterie analogue à celle qui existait dans le pays et qu'on y trouve encore. Il fit usage d'un émail rappelant de fort loin celui de la faïence d'autrefois. Mais, soit effet de la concurrence locale, soit pour autre cause, l'entreprise ne dura pas. Guionnet porta son expérience à l'importante fabrique de Choisy-le-Roi où il est décédé.

Cette fois, c'en fut fait de Rubelles. Abandonnés, les ateliers, où des œuvres charmantes avaient été façonnées, furent détruits, il y a bientôt trente ans, pour faire place à une habitation édifiée par M. Papin, ancien curé de la paroisse, et qui sert de presbytère.

Quand on bêche un peu profondément le jardin, on exhume des débris de moules en plâtre, de biscuits de faïence, d'assiettes, de vases et autres objets, qui sont, avec les souvenirs un peu effacés des vieux habitants, les derniers vestiges, dans le pays, d'une industrie intéressante qui n'a pas été renouvelée ni imitée depuis.

G. L.

MELUN. — IMPRIMERIE E. LEGRAND

RUE BANCEL, 23.

www.ingramcontent.com/pod-product-compliance
Ingram Content Group UK Ltd.
Pitfield, Milton Keynes, MK11 3LW, UK
UKHW022210190726
13855UKWH00004B/1691

9 782013 037624